NATIONAL
GEOGRAPHIC

Peldaños

Cocinemos

Entrevista con el CHEF HOMARO CANTU

por Kathleen F. Lally

Homaro Cantu es un chef que tiene dos restaurantes en Chicago, Illinois. Por curiosidad, ha encontrado nuevas maneras de preparar alimentos. Cambia su apariencia, gusto y textura. Con la ciencia y la tecnología cambia nuestras ideas sobre los alimentos. Sus ideas quizá cambien la manera en la se coma en el futuro.

National Geographic: Buenas tardes, chef Cantu. ¿Puedes explicar qué es la **gastronomía molecular**?

Chef Cantu: La gastronomía molecular implica explorar la ciencia detrás de los métodos tradicionales de cocina. Un gastrónomo molecular es un chef que explora el mundo de la ciencia y los alimentos. Este nuevo tipo de chef trabaja en una cocina profesional, experimenta con la ciencia y el arte, y los combina.

NG: ¿Cómo aprendiste a hacer lo que haces?

Chef Cantu: He trabajado en esto mucho tiempo. Lo que sé en verdad proviene de mucha práctica. Comienzo con los fundamentos de cómo se prepara la comida generalmente, y luego me ramifico en direcciones más creativas.

National Geographic: ¿Cómo obtienes ideas sobre qué tipos de alimentos desarrollar?

Chef Cantu: Obtengo ideas de todos lados. Pienso en los alimentos que uno conoce y le encantan, y luego hago estos alimentos a partir de otros alimentos que son más sanos. Para crear alimentos innovadores, uso tecnología moderna e instrumentos como el láser y máquinas que producen ondas sonoras. Experimento y mezclo alimentos de diferentes maneras. Combino sabores, temperaturas y texturas de maneras poco comunes. Creo alimentos que pueden parecer imposibles de hacer.

∧ Instrumentos de alta tecnología rodean al chef Cantu. Los usa para preparar alimentos de nuevas maneras.

NG: ¿Cuáles son algunos de los alimentos que has desarrollado que pueden ser de particular interés para los estudiantes?

Chef Cantu: Jugué con la idea de crear jugos sin envase. Puedo tomar una naranja, aplicarle ondas sonoras, y las ondas sonoras licuan la naranja de adentro hacia afuera. Las semillas, la pulpa y el tejido que recubre la piel cambian de sólido a líquido. Ahora tengo jugo de naranja en una naranja. Los productores de jugo de naranja no necesitarán recipientes. Tampoco agregarán azúcar o sustancias químicas.

National Geographic: ¿Tu familia y tus amigos influyen en lo que descubres?

Chef Cantu: Sí. De hecho, tengo un ejemplo muy interesante. Tengo una amiga que estaba bajo tratamiento médico, y los tratamientos hacían que los alimentos tuvieran un mal sabor para ella. Me preguntó si podía crear algo que la ayudara. Mis empleados y yo probamos miles de ingredientes. Encontramos una baya que ayuda a eliminar el mal sabor. La llaman baya milagrosa. Ahora muchos usan esta baya como ayuda cuando tienen dificultades con su sentido del gusto, pero la baya tiene un efecto inesperado en los que tienen un sentido del gusto normal.

NG: ¿Cómo funciona la baya?

Chef Cantu: Básicamente, bloquea los receptores de sabores agrios en la lengua. En el caso de mi amiga, hacía que los alimentos supieran normalmente, pero en otras personas tiene un efecto interesante. Te daré una demostración.

1.

Prueba la tableta molida que se hizo con la baya milagrosa.

∧ La baya milagrosa crece en África. Después de comerla, los alimentos agrios saben dulce.

2.

Ahora prueba el limón. Sabrá a limonada. Luego, prueba la lima. La lima sabrá como una naranja.

∧ La sustancia química de la baya hace que un limón agrio sepa como una limonada dulce.

∧ La sustancia química hace que una lima agria sepa como jugo de naranja dulce.

3.

Exprime limón en agua carbonatada. Esta es una solución de agua, **dióxido de carbono** y jugo de limón. Nada más. Pero sabe como una gaseosa dulce… como si hubieras agregado azúcar en la solución.

∨ No se necesita azúcar para hacer que esta bebida efervescente tenga un sabor dulce.

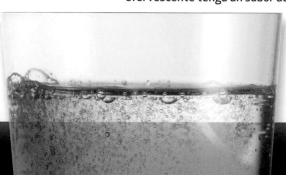

National Geographic: ¿De dónde obtienes los ingredientes que usas para cocinar?

Chef Cantu: Obtengo mis ingredientes principalmente de granjas locales. Si no puedo obtenerlos localmente, mis empleados y yo intentamos cultivarlos. Si eso no es posible, entonces puedo encontrar los ingredientes en algún otro lugar porque tengo una amplia red de proveedores.

NG: ¿Dónde cultivas tus propios ingredientes?

Chef Cantu: Mi restaurante tiene una sala en la que mis empleados y yo cultivamos plantas con una técnica llamada **aeroponía.** Las plantas se cultivan sin el uso de suelo. El agua con todos los nutrientes necesarios se rocía a las raíces de las plantas. Los nutrientes provienen de abono orgánico que se hace con los restos de alimentos del restaurante. La sala de aeroponía tiene la cantidad correcta de humedad, calor, luz y dióxido de carbono: todo lo que se necesita para cultivar plantas perfectamente. Tener esta sala en el nivel inferior del restaurante tiene mucho sentido. Las plantas se cultivan y se usan en el mismo lugar, por lo tanto, no hay necesidad de transportarlas de un lugar a otro.

El chef Cantu cree que los alimentos deben tener tan buen aspecto como sabor. En esta cocina, muestra cómo se prepara un plato.

Cocina colorida

Muñecos de nieve sabrosos

National Geographic: ¿Podrías explicar más sobre cómo te concentras en problemas de salud?

Chef Cantu: Me concentro en abordar problemas de salud como la obesidad y la diabetes. Intento ayudar a resolver estos problemas haciendo productos alimenticios divertidos. La demanda de comida chatarra y alimentos con azúcar nunca cesará. Lo que puedo hacer es reemplazar el azúcar por materiales que saben dulce pero realmente no contienen azúcar. Reemplazo la "chatarra" en la comida chatarra con alimentos sanos que tienen el mismo sabor que la comida chatarra. De esta manera abordo los alimentos desde una perspectiva diferente.

NG: ¿Qué consejos le darías a un estudiante que estuviera interesado en la ciencia de los alimentos?

Chef Cantu: Sugeriría que se inscribiera en competencias de ciencias. Esas experiencias pueden ayudar a mostrar a un estudiante cuánto necesita aprender dentro de un campo. También creo que es importante que tengan una idea de cómo es trabajar en la ciencia de los alimentos, quizá pasar un día con un científico de una universidad o hablar con un chef sobre cómo usa la ciencia de los alimentos todos los días.

⌄ **Hongos divertidos**

Compruébalo   ¿Cómo pueden los alimentos del chef Cantu ayudar a las personas?

La magia
de los
alimentos

por Glen Phelan

Este banquete de mariscos se preparó usando la ciencia de la gastronomía molecular. Incluye varios productos del mar.

Los alimentos deben tener tan buen aspecto como sabor y tan buen sabor como aspecto. El plato de esta foto es perfecto para los amantes de los mariscos. Incluye mejillones, vieiras, almejas y cangrejo. Los alimentos se prepararon mediante la **gastronomía molecular,** de modo que las texturas, los colores y los sabores se mezclan bien. El plato se parece un poco a la costa marina. La "arena" está hecha con algas, migas de pan y otros ingredientes. La "espuma marina" es una **mezcla** de jugo de almeja, apio, ajo y cebollas. Las "plantas de la playa" son un tipo de cebollín.

Aspectos, texturas y sabores inesperados son parte de la gastronomía molecular. No dejes que el nombre elegante te asuste, porque no es necesaria una cocina con alta tecnología para disfrutar de la diversión. Muchos cocineros usan los métodos de la gastronomía molecular en casa. Puedes encontrar la mayor parte del equipo en tiendas especializadas. Incluso se comparten recetas de gastronomía molecular en Internet.

Lee las recetas de las siguientes páginas. Muestran cómo los diferentes métodos de cocina pueden cambiar las propiedades de los alimentos.

Esferas

Los chefs modernos hacen **esferas** para cambiar el aspecto y el sabor de los alimentos. Una esfera tiene forma de pelota. Las pequeñas esferas de la foto contienen jugo de fruta. Cuando las muerdes, estallan de sabor.

Los chefs pueden convertir los jugos y los caldos en esferas. Mezclan el líquido con alginato de sodio, una sustancia química natural que se encuentra en las algas marinas. Esta sustancia química se disuelve en el líquido y forma una **solución.** Los chefs vierten esta solución en otra solución que contiene calcio. Se forma una piel delgada alrededor de cada gota, lo que forma esferas. Estas esferas pueden hacerse tan pequeñas como pequeños guisantes o tan grandes como pelotas de golf.

Las esferas y otros alimentos que se crean con gastronomía molecular requieren medidas exactas. Por lo tanto, además de los instrumentos de cocina comunes, los chefs de gastronomía molecular usan balanzas que pueden medir fracciones de un gramo.

Esferas de jugo de melón

- 3 g $\left(\frac{1}{9} \text{ oz}\right)$ de cloruro de calcio
- 480 mL (2 tazas) de agua
- 3 g $\left(\frac{1}{9} \text{ oz}\right)$ de alginato de sodio
- 240 mL (1 taza) de jugo de melón

1. Revuelve el cloruro de calcio y el agua en un tazón. El cloruro de calcio se disolverá cuando lo revuelvas. Coloca la solución de cloruro de calcio en el refrigerador de 15 a 30 minutos.

2. En otro tazón, disuelve el alginato de sodio en un tercio del jugo de melón. Luego agrega el resto del jugo.

3. Saca la solución de cloruro de calcio del refrigerador. Usa un gotero para verter la solución de jugo en la solución de cloruro de calcio. Las gotas se convertirán en esferas cuando se hundan.

4. Deja las esferas en la solución de cloruro de calcio 1 minuto, aproximadamente. Luego retira las esferas con un colador pequeño. ¡Sirve y disfruta!

Estas esferas de jugo de melón tienen un sabor suave y delicioso.

Gel

Algunos de los alimentos que comes son geles. Un **gel** es una mezcla de un sólido y un líquido. La gelatina de naranja es un gel, pero, ¿sabías que el espagueti largo y serpenteante de la foto también es un gel?

El ingrediente clave para hacer un gel es un agente gelificante. Un agente gelificante es una sustancia química que ayuda a que una mezcla forme un gel. Un agente gelificante es el agar, que proviene de las algas marinas. El agar ayuda a que un gel permanezca firme incluso a altas temperaturas, de modo que los geles se puedan servir calientes.

La única pieza de espagueti de la foto mide 1 metro (unos 3 pies) de largo.

Espagueti de rúcula

• 480 mL (2 tazas) de rúcula fresca   • 160 mL $\left(\frac{2}{3}\text{ de taza}\right)$ de agua   • 3 g de agar $\left(\frac{1}{9}\text{ oz}\right)$

1. Primero, usa una licuadora para mezclar el agua y la rúcula, una hoja para ensaladas. Esto produce una mezcla uniforme.

2. Después, vierte la mezcla en una sartén, revuelve el agar y pasa la mezcla a un tazón. Apaga el fuego.

3. Luego, usa una jeringa de cocina para verter la mezcla en un tubo largo de plástico. Coloca el tubo en agua fría hasta que el gel se termine de formar.

4. Por último, usa la jeringa vacía para meter aire a la fuerza en el tubo hasta que salga un espagueti de rúcula. ¡Disfruta esta nueva manera creativa de comer ensalada!

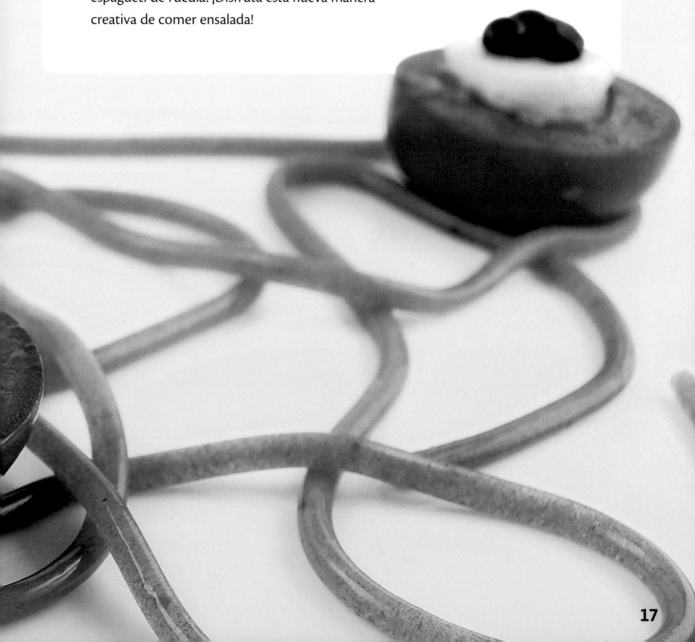

Menú comestible

Estás en uno de los restaurantes del chef Cantu para cenar. Anhelas comer alimentos que te deleiten los sentidos. ¿Cuál es el primer plato? ¡El menú! Sí, el menú se come.

El chef Cantu hace sus menús con materiales comestibles, como la soja y el almidón de papa. Imprime los menús con tintas hechas de jugos de frutas y vegetales. Los menús se pueden congelar, cocinar o freír. El chef Cantu puede hacer que un menú tenga el sabor de una hamburguesa, una ensalada o casi cualquier otra cosa.

Observa el menú. No solo los alimentos de la lista son deliciosos, sino que el menú también. ¡Es comestible!

Entonces, ¿por qué hacer un menú comestible? Porque, de hecho, es muy divertido. Sin embargo, el chef Cantu tiene mejores razones. Trabaja para ayudar al medio ambiente. Cada año, los restaurantes usan grandes cantidades de papel, gran parte de él en menús. Los menús del chef Cantu reducen los desechos y preservan los árboles.

El chef Cantu siempre piensa sobre los alimentos en nuevas maneras. Está seguro de que sus grandes ideas llevarán a un mejor futuro.

Compruébalo ¿Cuáles de los alimentos que se describen en esta lectura te gustaría probar?

Lee para descubrir sobre cómo la temperatura puede influir en los alimentos que comemos.

LA TECNOLOGÍA
y la temperatura

por Tom Wickland

Parece casi mágico. Viertes limonada helada en un recipiente, ajustas la tapa y te vas a un juego de baloncesto. Dos horas más tarde, ¡la limonada todavía está fría! Este recipiente que mantiene frías las cosas frías y calientes las cosas calientes se llama **termo.**

En la década de 1890, un científico británico llamado James Dewar inventó el termo. Dewar estudió cómo las temperaturas influían en los gases. Fue uno de los primeros que cambió el hidrógeno de gas a líquido. Lo hizo enfriándolo a una temperatura extremadamente baja.

Dewar necesitaba una manera de mantener fríos los líquidos fríos. De lo contrario, el líquido se calentaba y cambiaba de vuelta a gas. Desarrolló un recipiente de cristal que tenía forma de pelota. Tenía una pared interna y una pared externa, con casi nada entre medio. Esto formaba un **vacío** casi perfecto. El vacío ayudaba a evitar que el calor se moviera, de modo que casi no podía entrar calor a este recipiente. Por lo tanto, su hidrógeno podía permanecer líquido por un tiempo largo.

Un termo moderno funciona de la misma manera que el recipiente de Dewar. Sin embargo, un termo moderno tiene forma de cilindro en lugar de pelota. Generalmente está hecho de metal o plástico, que no se rompen tan fácilmente como el cristal.

⋀ **Termo moderno**

James Dewar sostiene uno de los primeros termos, un dispositivo que inventó para almacenar líquidos muy fríos.

21

¡Enfríalo!

Dewar también trabajó con el nitrógeno, el gas que constituye la mayor parte del aire que respiramos. Los gases están hechos de partículas que pasan a toda prisa entre sí y se distribuyen. Cuando los gases se enfrían, las partículas se desaceleran. Dewar enfrió tanto el nitrógeno, que sus partículas se desaceleraron, se unieron y formaron un líquido.

1

El chef ejecutivo Ben Roche usa la **gastronomía molecular.** Estudia cómo la temperatura influye en los alimentos. Aquí está por poner una banana blanda en nitrógeno líquido.

2

La banana comienza a volverse muy fría y dura. Sus propiedades están cambiando.

3

La banana quebradiza se hace pedazos cuando golpea la superficie dura. Cuando los trozos de banana se calientan, sus propiedades vuelven a cambiar. Los trozos se ponen más blandos.

Los chefs de la actualidad usan nitrógeno líquido para enfriar los alimentos rápidamente. Por ejemplo, a un recipiente de caldo caliente le puede tomar 15 minutos enfriarse en un tazón de hielo. El caldo se enfriaría en segundos en un recipiente de nitrógeno líquido. El nitrógeno líquido también puede cambiar otras propiedades de los alimentos. Estas fotos muestran cómo cambia a una banana.

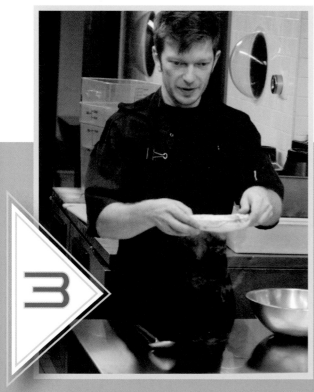

El chef Roche retira la banana del nitrógeno líquido. La banana ahora está muy fría, muy dura y muy quebradiza.

El chef Roche deja caer la banana en una superficie dura.

¡Caliéntalo!

¿Has oído hablar del caldero mongol? Según una leyenda, esta tradición del este de Asia comenzó hace siglos. Los guerreros mongoles usaban sus cascos redondos como calderos. Ponían agua e ingredientes en sus cascos y colocaban los cascos en las brasas de sus fogatas. ¿Alguien quiere sopa?

En la actualidad todavía se disfruta de esta manera simple y deliciosa de cocinar una comida. Un caldero de agua o caldo se coloca sobre una plancha caliente en el centro de una mesa. La plancha caliente se pone bien caliente hasta que el líquido hierve. Luego se baja el calor para que el líquido permanezca justo debajo de su punto de ebullición mientas se cocina a fuego lento.

Ahora comienza la diversión. Los comensales agregan diferentes alimentos al caldero. Los alimentos que necesitan más tiempo de cocción se agregan primero. Esto puede incluir carnes, pescado y mariscos cortados en tiras finas. Se puede agregar tofu, fideos, huevos y vegetales. Cuando la **mezcla** está cocinada según el gusto propio, se toma lo que se desea con palillos chinos. Luego se remoja en una salsa y se come mientras está caliente.

No hay apuro cuando se cocina en el caldero mongol. Una comida puede tomar horas mientras se ríe y se cuentan cuentos en la mesa. Durante la comida, se agrega líquido para reponer lo que se ha evaporado.

Un caldero mongol incluye muchos alimentos diferentes. Las personas se aseguran de encontrar las opciones que prefieren.

Compruébalo Compara y contrasta una comida en caldero mongol con una que hayas comido recientemente.

Cómo hacer un helado efe

por Jennifer K. Cocson

¿Alguna vez hiciste helado? Puedes usar una máquina para hacer una **mezcla** cremosa. Estas máquinas son buenas, pero caras. También puedes hacer helado con lo que tengas en tu cocina. Observa los ingredientes y objetos de estas dos páginas. Son fáciles de encontrar, excepto quizá los gránulos efervescentes.

Qué necesitas

3 cuartos de hielo molido

1 taza de leche entera

$\frac{3}{4}$ de taza de agua

1 taza de crema de leche

2 tazas de sal de mesa

8 cucharaditas de gránulos efervescentes

$\frac{1}{4}$ de taza de azúcar

$\frac{1}{2}$ cucharadita de extracto de vainilla

Los gránulos efervescentes se venden en algunas tiendas. Un adulto puede encontrarlos fácilmente en Internet. Contienen pequeños bolsillos de gas **dióxido de carbono** atrapado. El dióxido de carbono hace que las gaseosas sean efervescentes. Cuando los gránulos se disuelven en la boca o se muerden, el dióxido de carbono escapa con un pequeño "pop" o efervescencia. Esto puede alegrar tu helado.

1 par de guantes de cocina

4 tazones y 4 cucharas

2 pies de cinta para conductos

1 cuchara para revolver

bolsa para congelador de 1 galón

bolsa para congelador de 1 cuarto

1

Vierte la leche, la crema de leche, el azúcar y el extracto de vainilla en la bolsa de un cuarto. Mezcla todo con una cuchara. Aprieta la bolsa para retirar todo el aire y sella la bolsa herméticamente. Para mayor protección, sella la bolsa con una tira de cinta para conductos a lo largo del borde sellado.

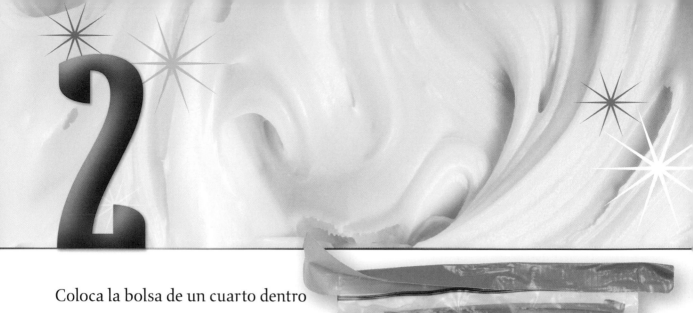

2

Coloca la bolsa de un cuarto dentro de una bolsa de un galón. Rodea la bolsa más pequeña con hielo, luego vierte la sal y el agua sobre el hielo. Aprieta para retirar todo el aire de la bolsa grande y séllala herméticamente. Séllala con una tira de cinta para conductos a lo largo del borde sellado.

Qué hacen el hielo y la sal

¿Qué sucede cuando sostienes un cubito de hielo en la mano? La energía de tu mano tibia pasa al hielo frío. Esto hace que sientas frío en la mano. Hace que el hielo se derrita. Lo mismo sucede con la mezcla en la bolsa. La energía de la mezcla cremosa pasa al hielo frío y al agua salada. La mezcla cremosa se enfría. ¿Pero por qué se agrega sal?

Agregar sal a la mezcla de hielo y agua hace que la mezcla se vuelva aún más fría que sin la sal. Por lo tanto, más energía de la mezcla cremosa pasa a la bolsa de hielo y agua salada. Esto hace que la mezcla cremosa se ponga muy fría.

3

Mece las bolsas con cuidado hacia adelante y hacia atrás en tus manos; usa guantes de cocina para protegerte las manos del frío. Continúa moviendo las bolsas circularmente hasta que la mezcla de la bolsa pequeña se haya congelado y formado un sólido blando.

Para qué sirve mezclar

Se forman cristales de hielo dentro de la mezcla cremosa cuando se enfría y se congela. Algunos de los cristales pueden ser más grandes que otros, lo que le da a la mezcla una textura áspera y gélida. Mover la bolsa en círculos deshace los cristales más grandes, lo que da una textura más suave.

4

Después de unos 15 minutos, abre la bolsa grande y retira la bolsa pequeña. Desecha la bolsa grande, el hielo y el agua salada. Enjuaga el exterior de la bolsa pequeña para deshacerte de la sal que quede. Abre la bolsa, saca con una cuchara el helado y colócalo en tazones pequeños, y rocía el helado con gránulos efervescentes. ¡Toma una cuchara y disfruta del helado con burbujas en tu lengua!

Cuando comas tu helado, piensa en cómo lo hiciste. Compara cómo el hielo sólido y la mezcla de líquido cremoso cambiaron. ¡Ahora vuelve a disfrutarlo!

Compruébalo   Compara el helado efervescente con el helado común.

Comenta

1. Piensa en las cuatro lecturas de este libro. Explica el rol que tienen los científicos en la preparación de alimentos en cada lectura.

2. Los espaguetis de rúcula son un gel delicioso. Compara y contrasta un gel con un sólido y un líquido.

3. El nitrógeno líquido cambió la banana. Predice cómo enfriar una flor de esta manera puede influir en sus propiedades.

4. Elige dos mezclas de diferentes lecturas de este libro. Describe en qué se parecen y en qué se diferencian sus propiedades.

5. ¿Qué más te gustaría aprender sobre cómo se pueden preparar los alimentos?